¡Aprende Ya!
A Tocar Batería

POR FELIPE OROZCO

Amsco Publications
New York/London/Paris/Sydney/Copenhagen/Berlin/Tokyo/Madrid

Fotografía de la portada: Randall Wallace
Editor del proyecto: Ed Lozano

Número de pedido: AM 979396
US International Standard Book Number: 978.0.8256.2880.1
UK International Standard Book Number: 1.84449.383.0

Distribuidores exclusivos:
Music Sales Corporation
257 Park Avenue South, New York, NY. 10010 USA
Music Sales Limited
8/9 Frith Street, London W1D 3JB England
Music Sales Pty. Limited
120 Rothschild Street, Rosebery, Sydney, NSW 2018, Australia

Índice

Introducción

Uno de los aspectos más importantes de la música (si no el más importante) es sin duda alguna el ritmo. Antes de empezar a tocar cualquier instrumento, de preocuparse por saber leer las notas, de conocer la entonación, la técnica o cualquier otro tema relacionado con los instrumentos musicales, es necesario tener una noción del tiempo.

Lo que separa al baterísta de los demás músicos, es el deseo de incorporar el ritmo de una manera orgánica, lógica y constante sobre la que los demás músicos puedan basar su ejecución. En los estilos de música contemporánea, el baterísta es la persona que da la pauta, marca el tiempo; en otras palabras, es el que dirige y muchas veces es responsable de la interpretación e intensidad de un grupo musical.

Este libro está hecho con el fin de guiarte paso a paso; desde la noción de ritmo, hasta un panorama básico de los diferentes estilos que puedes encontrar en la música popular de hoy en día.

Hay tres aspectos muy importantes para el desarrollo de un buen baterísta. En primer lugar, darte cuenta del ritmo que te rodea; es decir, como se crea e interpreta ese ritmo. En segundo lugar (y probablemente lo más difícil) es la tarea y el compromiso de pasar horas y horas practicando y experimentando las posibilidades del instrumento. Por último, tocar con otros músicos para ir enriqueciendo tu experiencia musical. Este libro se ha escrito para ayudarte a empezar con el segundo aspecto. El primer y tercer aspecto no se pueden aprender de un libro. Cuando termines este método, te recomiendo que tomes lecciones o que consigas un tutor que te pueda guiar para seguir avanzando tus conocimientos musicales.

Antes de empezar vamos a ver los aspectos básicos de la batería y la información que necesitarás para empezar a tocar.

Historia

La batería, tiene su origen en el siglo XX y al igual que los demás instrumentos de percusión, ha tenido un auge y desarrollo muy importante particularmente a partir de la segunda mitad del siglo pasado.

La batería es el resultado de la unión de varios instrumentos de percusión que se fueron combinando a través de los años. El bombo, la tarola (caja) y los platillos tienen una conexión directa con las *marching bands* (el equivalente a las bandas populares), las cuales a su vez son una herencia de las bandas militares tan populares en las diferentes regiones europeas y posteriormente estadounidenses.

Como la mayoría de las tradiciones estadounidenses, la batería se compone de elementos de diferentes países: la tarola y el bombo, de Europa; los platillos de el Medio Oriente, Asia y Europa (Arabia, China y Turquía); los *Toms* (tambores), de Asia, África y los indígenas americanos.

El fenómeno más significativo para el desarrollo y la aparición de este nuevo instrumento es la música de *jazz*. A principios del siglo XX (1900-1910) Las orquestas estadounidenses usaban diferentes percusionistas para los diferentes instrumentos antes mencionados. Conforme fue avanzando el tiempo, y con la evolución de la música de *ragtime*, y el *swing*, la batería fue afianzando su popularidad. En la época del *swing* (1930-1950) y las grandes orquestas (*Big Bands*) la batería se adopta como elemento básico de los grupos musicales. Es en esta época que nacen los primeros grandes virtuosos como Gene Krupa, Kenny Clarke, *etc*. En la década de los cincuenta y sesenta nace otro estilo de música que hace que se popularice aún más este instrumento: el *rock and roll*. El *jazz* sigue desarrollándose (con el *bebop*), pero es en este nuevo estilo donde concreta su actual popularidad.

En esta época, surgen otras figuras legendarias, como Buddy Rich (*jazz*), Tony Williams (*jazz*), John Bonham (*rock*), Ringo Starr (*rock/pop*) *etc*. La popularidad del *rock*, es sin duda alguna lo que ayuda a que el instrumento cruce las diferentes fronteras, tanto musicales, como estilísticas y de diversas nacionalidades. En la década de los setenta y ochenta nacen muchísimas otras figuras y estilos, los cuales incorporan la batería como la base rítmica de todos y cada uno de ellos. Por mencionar algunos de ellos: *disco, fusión, Latin Jazz, rock latino, etc*.

Actualmente y con el fenómeno de la globalización, se han ido mezclando estilos, instrumentaciones y ritmos. En latinoamérica, se han incorporado muchos de los estilos estadounidenses a la música folclórica, y muchos otros han optado por modificar la instrumentación tradicional por una más contemporánea. La batería se ha vuelto cada vez más popular por este último motivo, ya que un solo músico puede incorporar tres o más instrumentos de percusión, ritmos y sonidos.

La batería

Te recomiendo que acomodes tu batería de manera que puedas llegar a todos los componentes cómodamente. Esto es importante para que cuando estés tocando un ritmo muy rápido o cuando quieras hacer un redoble o un *fill*, no tengas que preocuparte por llegar a las diferentes partes de la batería. Los componentes de la batería pueden variar dependiendo del gusto del músico, su estilo, *etc*. A continuación te presento un esquema de los componentes básicos de una batería. La mayor parte de los ejemplos están diseñados para que se puedan tocar con el siguiente esquema básico:

- Bombo
- Redoblante (tarola o caja)
- Tom de aire (tambor)
- Tom de piso
- Soporte de contratiempo (*hi-hat*)
- Soporte de tarola
- Pedal de bombo
- 2 soportes de platillos
- 1 par de contratiempos (*hi-hat*)
- 1 Platillo de tiempo (*ride*)
- 1 Platillo de remate (*crash*)

* Cuando se necesite (según el estilo), también se utilizará un cencerro.

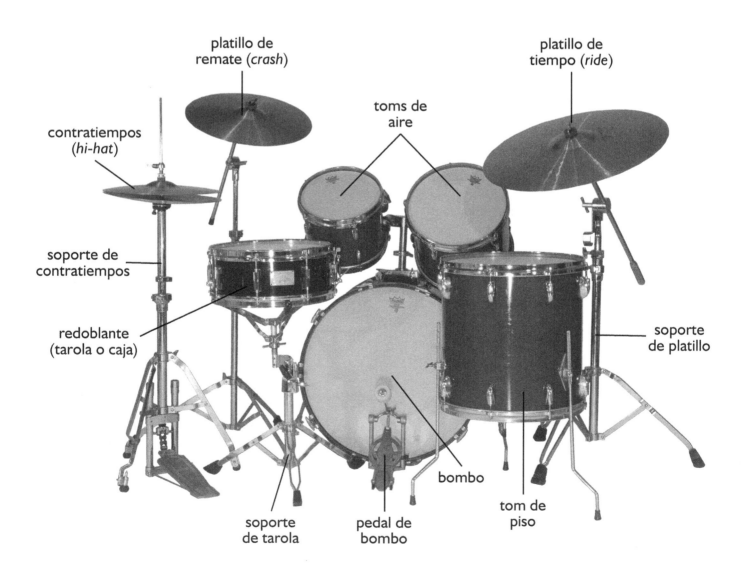

Afinación

Hay muchos factores que determinan el tipo de afinación. En muchas ocasiones la afinación depende del tipo de música, otras veces depende del tamaño de la batería, el tamaño de los parches, *etc*. Cualquiera que sea la afinación que se desee, los diferentes tambores se afinan moviendo los tornillos del aro que sostiene el parche al cuerpo del tambor. Si se mueven en dirección de las manecillas del reloj, se tensa, si se mueve en contra de las manecillas del reloj, se afloja.

La tarola

Cuando afines la tarola, asegúrate que el parche inferior no está muy tenso, ya que de caso contrario, el *bordonero* (las pequeñas cadenitas que hacen que la tarola suene como una sonaja) no sonará o el sonido se apagará muy rápido, haciendo que el tambor suene hueco y como apagado. Ajusta cada uno de los tornillos, en el orden que se muestra en la ilustración, hasta obtener el sonido deseado.

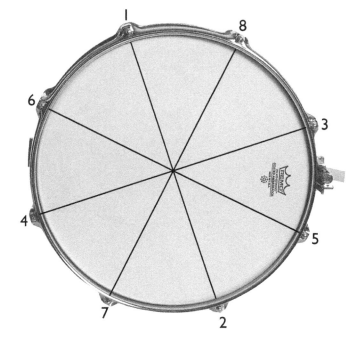

Recuerda que cuanto más tenso esté el parche, el tono del tambor se hará más agudo. Esto también afecta el rebote de las baquetas, entre más tenso el parche, el rebote será más rápido. Te sugiero que le pongas un parche más delgado a la parte inferior de la tarola (la que hace contacto con el *bordonero*, para que puedas obtener un mejor sonido).

parche

aro

tornillo

caja

llave del bordonero

El bombo

El bombo generalmente se afina lo más grave posible. Para poder obtener este tipo de sonido, ajusta la tensión del parche únicamente hasta que desaparezcan las arrugas. Usualmente se le rellena con alguna especie de ropa o una almohada, que se recarga en el parche posterior para que absorba el sonido y produzca ese clásico sonido profundo, sin vibrar demasiado.

Los toms

Los tambores son instrumentos de percusión que no tienen una afinación específica, por lo cual se afinan relativamente unos con otros. En el caso de la batería, y más concretamente en el de los *toms*, éstos se afinan con respecto al tamaño, entre más chico el *tom*, más agudo el sonido que deberá producir. Cuando afines los *toms*, asegúrate que el sonido que produzcan se apague al mismo tiempo en todos ellos (lo que en inglés se llama *decay time*).

Algunas afinaciones recomendadas según el estilo de música

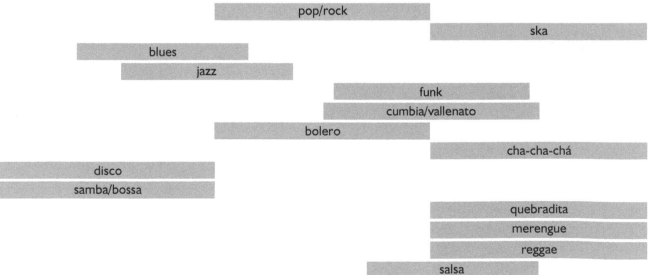

Grave	Medio	Agudo
	pop/rock	
		ska
blues		
jazz		
		funk
	cumbia/vallenato	
	bolero	
		cha-cha-chá
disco		
samba/bossa		
		quebradita
		merengue
		reggae
	salsa	

Baquetas

Las baquetas son la herramientas esenciales para poder tocar la batería. Aunque existen muchos estereotipos sobre cuál baqueta escoger (dependiendo del estilo), te recomiendo que vayas al establecimiento de instrumentos más cercano y que las pruebes tu mismo. Te sugiero que empieces con un par de baquetas de tamaño mediano hechas de madera de nogal. Más adelante irás escogiendo el tamaño de baqueta más adecuado dependiendo de la intensidad y el volumen de la música que vayas a tocar. Asegúrate de que tus baquetas no estén chuecas, puedes comprobar esto al hacerlas rodar en cualquier superficie plana. También prueba las baquetas y observa si el sonido que producen es igual, para comprobar la densidad y el peso de las baquetas.

punta   mango

Dependiendo del estilo, podemos clasificar las baquetas en tres diferentes grupos:

Baquetas generales

Este grupo, es el más popular y fácil de encontrar. Este tipo de baquetas se usan para tocar cualquier tipo de música (y en general en cualquier instrumento de percusión), desde *rock* y música latina, hasta *jazz* y música folclórica. Te recomiendo que consigas un par de baquetas de este tipo para estudiar este método.

Escobillas

Este tipo de baquetas generalmente se utiliza para tocar *jazz* en todas sus variaciones. Estas baquetas las podemos encontrar de diferentes materiales y texturas, desde plástico hasta metal. El sonido que se obtiene con estas baquetas es generalmente delicado, fino y no muy fuerte.

Baquetas exóticas

El tercer grupo generalmente se utiliza para tocar música afrocaribeña, étnica o lo que comúnmente se conoce como fusión, aunque se puede adaptar a cualquier estilo. En este grupo podemos incluir cualquier cantidad de baquetas de diferentes tamaños, materiales y grosores; como baquetas de plástico o metálicas, por mencionar algunas. El ejemplo que se muestra en la ilustración es el que se llama *Hot-Rods* y son una especie de escobillas hechas de madera dependiendo de la sonoridad que se quiera obtener, su sonido es delicado pero definido.

La empuñadura

Hay dos principales maneras de agarrar las baquetas:

La empuñadura tradicional (*jazz grip*)

La empuñadura paralela (*matched grip*).

Empuñadura tradicional

La *empuñadura tradicional*, es el que se usaba anteriormente en las *Marching Bands*, las cuales a su vez son una herencia de las bandas militares antiguas (actualmente sería lo equivalente a las bandas de pueblo de los festivales latinos, si quieres más información ve al apartado que trata la historia de la batería). Originalmente se tocaba la tarola de manera horizontal o inclinada, al ir caminando por las calles del pueblo. Por este motivo, era mucho más cómodo poner la mano boca arriba para poder tocar sin hacer mayor esfuerzo con la muñeca.

Para poder utilizar esta *empuñadura*, sigue los siguientes pasos:

1. Apoya la baqueta entre los dedos pulgar e índice.
2. Haz que el pulgar se enganche alrededor de la baqueta y que a su vez presione la baqueta ligeramente como si fuera una tijera.
3. Apoya la baqueta en el dedo anular.
4. Haz que los dedos índice y medio, se apoyen en la baqueta para guiarla y estabilizar el peso.

Compara tu manera de agarrar la baqueta con la de la fotografía . La mano derecha es igual a la *empuñadura paralela*.

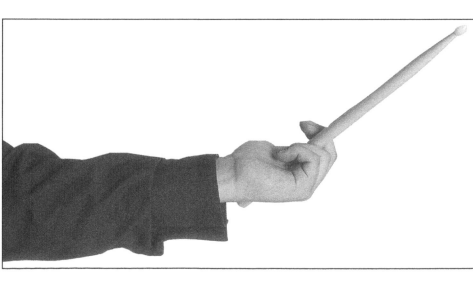

Empuñadura paralela

La *empuñadura paralela* es probablemente la más utilizada hoy en día, ya que es mucho más fácil de aprender y más natural. También es la preferida por los baterístas que usualmente requieren de mayor velocidad y fuerza. Te recomiendo que empieces a aprender este tipo de *empuñadura* por los motivos antes mencionados.

Para poder utilizar esta *empuñadura*, sigue los siguientes pasos:

1. Sujeta la baqueta con la palma de la mano derecha en dirección hacia el suelo.

2. Imagínate una línea a la mitad de la baqueta, a la mitad que queda del lado del mango y divídela en 3.

3. Sujeta la baqueta de manera que el final de la mano quede aproximadamente a 1/3 del final del mango, esto es con el fin de que se cree un pivote entre el pulgar y el dedo índice

4. El pulgar tiene que estar alineado y en dirección hacia la punta.

5. La baqueta deberá poder balancearse relajadamente en los dedos índice y pulgar. Los demás dedos son de apoyo.

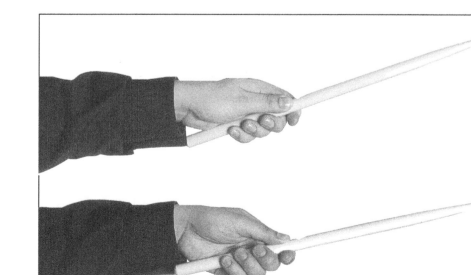

La mano izquierda deberá estar igual que la derecha.

El golpe

El primer paso para empezar a desarrollar una técnica sólida, es aprender a dar el golpe. Mantén tus brazos firmes y trata de que la fuerza y el movimiento sea producido por las muñecas.

Traza una línea imaginaria entre el centro y la orilla de la tarola. Divídela por la mitad. Ése es el lugar que deberás de tratar de tener como blanco, ya que es el mejor lugar para dejar salir el sonido de cualquier tambor. Trata de mantener un ángulo de 60° entre las manos. Trata también de pegarle al mismo lugar tanto con la mano derecha como con la izquierda para obtener un sonido uniforme.

Te recomiendo los siguientes pasos para poder ir obteniendo una técnica correcta:

1. Sujeta las dos baquetas a una altura de entre 10 y 15 cm por encima del parche de la tarola. Mantén los brazos relajados y ligeramente retirados del cuerpo. Asegúrate que las dos baquetas estén alineadas a la misma altura.

2. Con un movimiento similar al de un látigo, golpea el parche con la mano derecha, permitiendo que la baqueta rebote a su estado original.

3. Repite el paso 2 con la mano izquierda. Continúa repitiendo el golpe de manera alternada (izquierda, derecha), y a una velocidad moderada (lenta), tratando de no acelerar el tiempo.

4. Trata de obtener el mismo sonido de las dos baquetas, regresando siempre a la posición original.

El bombo

Hay dos maneras básicas de tocar el bombo. La primera es apoyar todo el pie en el pedal.

La otra manera es la de levantar el talón, apoyando solamente la punta.

Normalmente se usa una combinación de ambas técnicas. La técnica de la punta se usa por lo general para tocar patrones de ritmos más rápidos. Te sugiero que trates las dos maneras y uses con la que te sientas más cómodo o la que se te haga más fácil dominar.

Te recomiendo que ajustes la tensión del resorte del pedal del bombo, ya que muchas veces tiene mucha tensión o por el contrario, no tiene la suficiente tensión. No es bueno exagerar en el ajuste de la tensión, ya que te costará más trabajo tener un control adecuado del bombo.

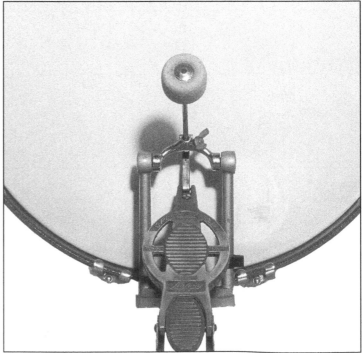

Notación musical

La música de percusión se puede representar de diferentes maneras. Las más comunes son las siguientes:

Una línea

Generalmente se usa esta forma cuando se desea representar un ritmo o un solo instrumento de percusión (una campana, un tambor, las maracas, la clave, un platillo, un pandero, *etc.*).

Tres líneas

Esta es la forma antigua que se usaba para escribir los ritmos de la batería. La ventaja de este sistema es que se pueden representar 3 ritmos (polirritmia) al mismo tiempo, generalmente se usaba para las tres partes principales de la batería: 1) platillo (contratiempo) 2) tarola 3) bombo.

Cinco líneas

Durante los últimos años se ha adoptado el sistema que se usa para todos los instrumentos musicales. Este sistema se llama *pentagrama,* lo que significa que la música se va a escribir en 5 líneas paralelas y equidistantes. Usualmente este sistema se usa para representar sonidos. De abajo hacia arriba se representan las alturas de grave a agudo. Similarmente se usa para la batería. A cada línea o espacio, se le va asignar una parte de la batería.

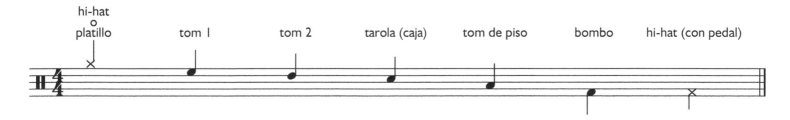

Cuando veas la palabra *ride* arriba de la línea del platillo, significa que el platillo que se debe de usar es el *ride*. Al mismo tiempo cuando veas *H.H.* significa que se debe de tocar con el *Hi-Hat* (contratiempo).

Cuando veas que la nota está rodeada por un círculo ( ), significa que debes tocar el *crash*. También se puede indicar cualquier otro platillo de remate, usando este símbolo y escribiendo el platillo de elección en la parte superior. (Ejemplo: *splash*, china, *etc.*).

Notas

La música está compuesta de pulsaciones constantes a las cuales se les conoce como *ritmo*. A cada pulsación se le conoce como *tiempo*. Los tiempos se agrupan en unidades de medida llamadas *compases*. El más popular de estas maneras de asociar los tiempos, es el *compás* de ¼. Este compás es fácil de distinguir porque hay cuatro tiempos en cada compás, y se cuenta así:

1 2 3 4 | 1 2 3 4 | 1 2 3 4 | *etc.*

Compás de ⁴⁄₄

cantidad de notas
por compás

tipo de notas

Cada vez que cuentas el 1, comienzas un nuevo compás. La manera de interpretar los diferentes valores (o duraciones) de los tiempos, se indica con las *notas musicales*. Las *notas* tienen diferentes formas. Vamos darle un vistazo a las diferentes notas y sus respectivos valores.

La redonda (o)

Esta nota dura cuatro tiempos, es decir que cuando toques un platillo por ejemplo, debes de dejar que suene 4 tiempos, antes de apagar la resonancia. Se cuenta de la siguiente manera:

1   2   3   4 | 1   2   3   4 | 1   2   3   4
o   o   o

Por lo general esta nota no se utiliza en la batería, ya que por las características acústicas del instrumento, los sonidos de sus diferentes partes no duran tanto.

La nota blanca (♩)

Esta nota dura 2 tiempos, es decir que tienen que pasar dos tiempos hasta que puedas tocar otra nota. Se cuenta de la siguiente manera:

1   2   3   4 | 1   2   3   4 | 1   2   3   4
♩   ♩   ♩   ♩   ♩   ♩

La nota negra (♩)

Esta nota representa un tiempo, por lo tanto, en un compás de ⁴⁄₄ hay cuatro de estas notas. Y se cuentan de la siguiente manera:

| 1 | 2 | 3 | 4 | | 1 | 2 | 3 | 4 | | 1 | 2 | 3 | 4 |
| ♩ | ♩ | ♩ | ♩ | | ♩ | ♩ | ♩ | ♩ | | ♩ | ♩ | ♩ | ♩ |

La corchea (♪)

Esta nota dura medio tiempo, también se le conoce como el *octavo*, porque hay 8 de estas notas en cada compás. Para contar estas notas, hacemos una subdivisión con sílabas, lo que nos permite hacerlo con más facilidad.

1		2		3		4		
♪	♪	♪	♪	♪	♪	♪	♪	
un	y	dos	y	tres	y	cua	tro	

Esta es una pequeña tabla que te ayudará a interpretar el denominador (tipo de notas) del quebrado de los compases.

𝅗𝅥	=	2 porque la blanca es	=	a 2 tiempos
♩	=	4 porque la negra es	=	a 1 tiempo
♪	=	8 porque la corchea es	=	a ¹/₂ tiempo

Más adelante veremos otros valores rítmicos. A continuación te presento una tabla completa de las diferentes notas y sus valores.

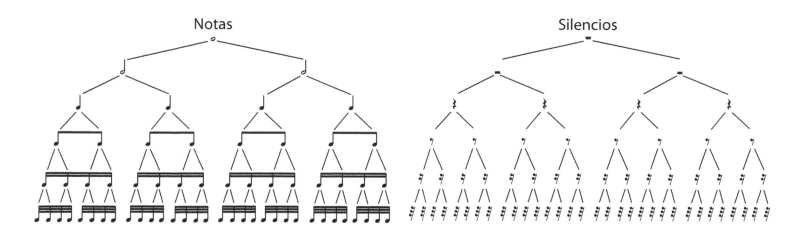

Notas   Silencios

Cómo contar

Ahora que ya sabes los principios de la notación musical, vamos a empezar con los conceptos más básicos para que puedas a empezar a tocar lo antes posible. Lo más importante para un baterísta, es mantener el tiempo constante, es decir no acelerarse ni atrasarse. Para lograr este objetivo, lo primero que vamos a hacer es contar. Te recomiendo que cuando cuentes, lo hagas en voz alta las primeras veces, para que te vayas acostumbrando y cuando ya domines cada ritmo, cuenta únicamente mentalmente.

Notas negras (♩)

Como vimos en las páginas anteriores, en el compás de ⁴⁄₄ se cuenta 1 – 2 – 3 – 4 cada compás. Observa la notación. Cuenta en voz alta en cada compás y toca el contratiempo (Hi-Hat) en cada tiempo con la mano derecha. Trata de que cada nota que toques sea al mismo tiempo que tu cuenta. Asegúrate de pisar el pedal para mantener el contratiempo cerrado.

pista 1

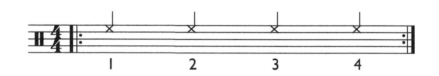

Ahora escucha este ejemplo con la primera pista (PISTA 1) en el CD. Después de que oigas la pista, tocála al mismo tiempo. No olvides de contar en voz alta. Cada pista empieza con la cuenta de 2 compases (con un sonido *click*), para que escuches la velocidad a la que se va a ejecutar. Oye la pista y asegúrate que cuando toques con ella, tus tiempos estén parejos a la grabación. Cuando ya te salga el ritmo, practica este ejemplo de la misma manera con la tarola y el bombo. Los dos puntitos al final del compás (:|) representan el *signo de repetición,* significa que debes de tocar lo que esté adentro de dos de estos signos 2 veces (es decir dura 2 compases).

Cómo tocar rock/pop

Un poco de historia

El termino *pop* ha sido malinterpretado durante mucho tiempo. Generalmente cuando se habla de música *pop*, se refiere al estereotipo de música que *vende* mucho o que es muy popular (de allí el término), pero no de buena calidad. En un sentido amplio, el término de música *pop*, se puede aplicar a *cualquier* tipo de música que esté basada en melodías fáciles de recordar o secciones musicales que se repiten (generalmente coros y versos). Por su parte, el *rock* en español es el término que se le ha dado al *rock* proveniente de los países iberoamericanos. Surge a mitad de los años sesenta, como influencia directa del fenómeno británico/estadounidense. Un poco después se consolida por todo el mundo latinoamericano a mitad de los años ochenta. El estilo es bastante abierto, es decir, se forma de una combinación de ritmos y elementos del *rock* anglosajón, *hip hop*, *ska* o *punk* e incorpora estilos latinoamericanos como los corridos, los tangos, las cumbias y los vallenatos.

Al ritmo básico de estos dos estilos, normalmente se le conoce como $\frac{4}{4}$ *básico* o $\frac{4}{4}$ *de rock*. Vamos a dividir el ritmo en tres ejercicios (2, 3 y 4) y vamos a ir juntándolos después poco a poco.

Cómo tocar corcheas
Ejercicio 2

Toca el siguiente ritmo con la mano derecha en el contratiempo cerrado. Recuerda contar en voz alta al mismo tiempo, como lo vimos en la sección de las notas: un - y   dos - y   tres - y   cua - tro

Escucha la PISTA 2, y después toca al mismo tiempo con ella. Esta es la versión lenta del ejercicio. He incluido una versión rápida en la PISTA 3 para que puedas practicarlo a diferentes velocidades. Practica este ejercicio hasta que te salga con facilidad. Recuerda que en este caso deberás tocar los dos compases 2 veces (total de 4 compases). Usualmente no se pone el *signo de repetición* al comienzo, si la parte que se tiene que repetir está al principio de una pieza.

pista 2&3

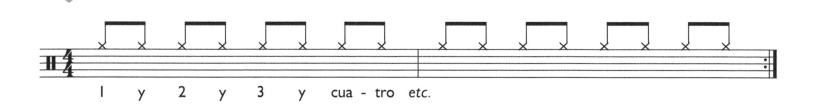

l   y   2   y   3   y   cua - tro   *etc.*

Ejercicio 3

Este ejercicio te resultará más fácil después de haber practicado varias veces el ejercicio anterior, porque básicamente, es lo mismo en la mano izquierda (contratiempo) y con la mano derecha le vamos a añadir la tarola en los tiempos 2 y 4. Esto significa que en los tiempos 2 y 4 deberás tocar el contratiempo y la tarola al mismo tiempo. Te recomiendo que estudies por separado y después unas los dos ritmos.

pista 4&5

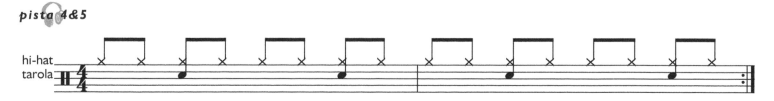

La PISTA 4 es una versión lenta y la 5 es la versión rápida para que puedas practicarlo a diferentes velocidades.

Practica este ejercicio hasta que te salga con facilidad.

Ejercicio 4

Después de haber practicado y dominado los ejercicios anteriores, es hora de que añadas el último factor de este ritmo, el bombo. El bombo se toca con el pie derecho, en los tiempos uno y tres de cada compás.

Recuerda que si se te complica un poco, estudia parte por parte hasta que puedas unirlas todas. Cuenta en voz alta.

pista 6 & 7

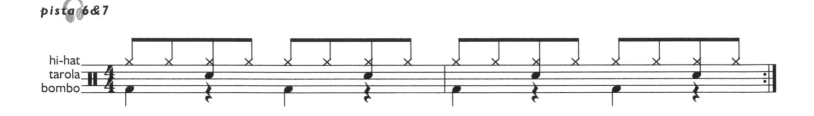

Escucha la PISTA 6 y toca al mismo tiempo. Practica hasta que te salga al mismo tiempo que la grabación. La PISTA 7 es la versión rápida de este ritmo.

Consejos de práctica

En las páginas que siguen, se presentan diferentes variaciones de este ritmo básico. Más adelante, se encuentran los diferentes ritmos uno por uno. Los ritmos se presentan en orden de dificultad. He separado cada ritmo parte por parte, para que poco a poco lo vayas integrando y vayas entendiendo cómo se construye y para poder tocarlo de manera correcta. A continuación te presento una lista de consejos que te servirán en tu práctica diaria.

- Te recomiendo que cada ejercicio lo hagas a diferentes velocidades, lento, rápido, moderado, muy rápido, *etc.*

- Consigue un *metrónomo*, para que puedas practicar las diferentes velocidades de manera constante. Éste es uno de los hábitos más importantes de un baterista ya que esto hará que absorbas el sentido del tiempo.

- Practica cada ejemplo de manera ambidiestra. Es decir, si normalmente tocas el contratiempo con la mano derecha y la tarola con la izquierda, intercámbialos y viceversa.

- Te recomiendo que escuches muchos tipos de música y que trates de tocar los diferentes ritmos que escuches en ellos, también intenta escribirlos.

- Practica por lo menos 30 minutos cada día, ya que solo así lograrás avanzar más rápido con el material, la práctica hará también que las extremidades se vayan acostumbrando poco a poco a los diferentes movimientos de los músculos.

- Practica a diferentes volúmenes: suave, fuerte, medio, *etc.* El hecho de que la batería sea un instrumento de percusión no significa que se le tenga que golpear con mucha fuerza o intensidad todo el tiempo. Un buen baterista puede y debe tocar a diferentes volúmenes sin ningún problema.

- Estudia contando el tiempo de cada compás en voz alta y mentalmente.

- Siempre que practiques, dedica partes iguales a las diferentes partes del estudio. Por ejemplo: 10 minutos a técnica y ejercicios de calentamiento, 10 minutos a lectura de ritmos; 10 minutos a tocar con el CD de acompañamiento o con cualquier otro CD.

Pop-rock Canción

A continuación te presento una versión de este ritmo con una banda completa (batería, guitarra, bombo y piano), para que te vayas acostumbrando al sonido completo de una banda. Observa como afectan el uno al otro mutuamente el bajo y la batería. La PISTA 8 es la versión completa de la banda. La PISTA 9 contiene la canción sin la batería, para que puedas tocar junto con esta pista. Observa el compás final, ya que contiene un elemento nuevo, el platillo de remate (crash). Recuerda el *signo de repetición*.

pista 8&9

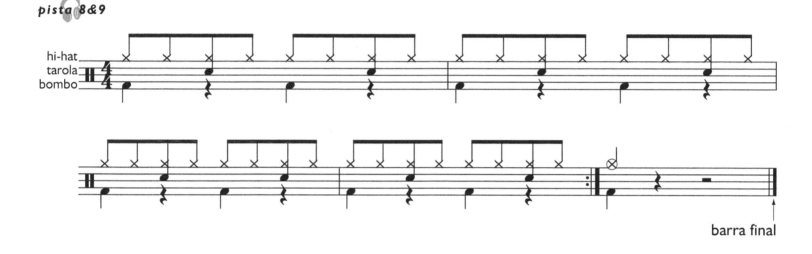

barra final

Variaciones de tarola

A continuación te presento diferentes variaciones de patrones de tarola. Poco a poco vamos a ir explorando los diversos lugares donde pueden caer los golpes. En este caso vamos a explorar los tiempos débiles de los compases. Practica cada parte del ejercicio de manera independiente (bombo, tarola, contratiempo) hasta que puedas juntar todas las partes al mismo tiempo. Recuerda que debes practicar cada ejemplo ambidiestramente, para ir obteniendo independencia y coordinación. Los siguientes ejercicios se encuentran en la PISTA 10 (moderado) y en la PISTA 11 (rápido).

pista 10&11

Ejemplo tarola A

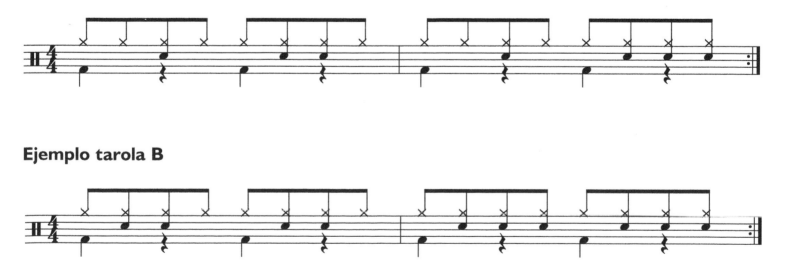

Ejemplo tarola B

Toca estos ejercicios con el platillo de tiempo (*ride*). También puedes practicarlos con el contratiempo.

Ejemplo tarola C

Ejemplo tarola D

Variaciones de bombo

Escucha la PISTA 12 que contiene los ejemplos de variaciones del bombo. Te recomiendo que los practiques varias veces hasta que te salgan de manera muy natural y sientas que ya no te cuestan trabajo. Una vez que te familiarices con los ejemplos, te recomiendo que los practiques junto con la PISTA 13 la cual presenta los mismos ejemplos, pero un poco más rápido.

pista 12 & 13

Ejemplo bombo A

Ejemplo bombo B

Ejemplo bombo C

Ejemplo bombo D

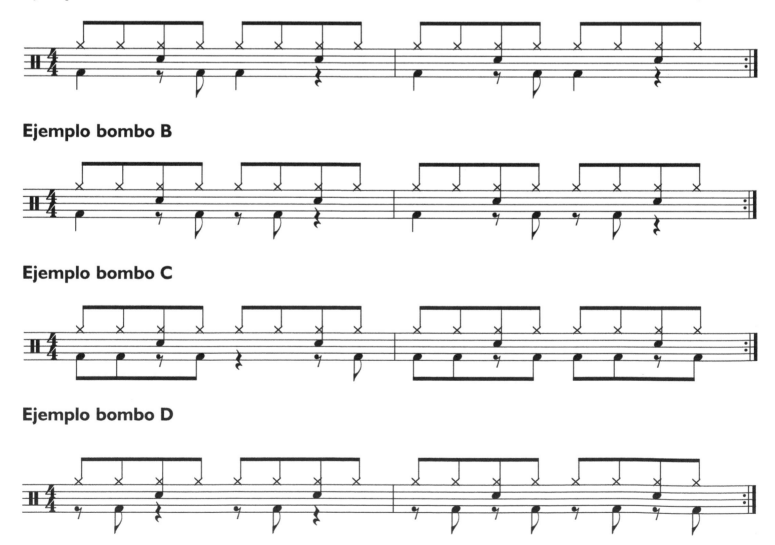

Combinación de variaciones de tarola y bombo

Este ejercicio es una combinación de los ejercicios antes vistos. Compara cada una de las fórmulas con los ejercicios anteriores.

Ejercicio 14

Balada Pop

Este ritmo es básicamente el mismo que el de *rock*. Lo que lo hace diferente son dos cualidades: 1) El tempo (mucho más lento) y 2) El sonido de la tarola. La mayor diferencia en el sonido, es que en lugar de golpear la tarola como te indiqué en el ritmo de *rock* (es decir al principio del libro), en el centro del parche, este ritmo se toca golpeando el aro de manera horizontal con la baqueta (*cross stick* en inglés). Para lograr este efecto, tienes que apoyar la mano en el parche y agarrar la baqueta con las puntas de los dedos, de manera que se forme un especie de hueco, entre la baqueta y la mano. Una vez hecho esto, golpea la baqueta de manera horizontal y paralela al parche. Asegúrate que la baqueta golpee el aro con el cuello. El sonido que se produzca debe ser como si estuvieras amplificando el sonido del golpe de una baqueta contra otra (madera).

Practica todos los ejemplos anteriores a un tempo más lento, y con *cross stick* a continuación te presento un ejemplo (PISTA 14) con todos los instrumentos, para que te des cuenta de cómo se oye el *cross stick* con una banda completa. La PISTA 15 es el mismo ejemplo, pero sin batería, para que puedas tocar junto con el CD.

pista 14 & 15

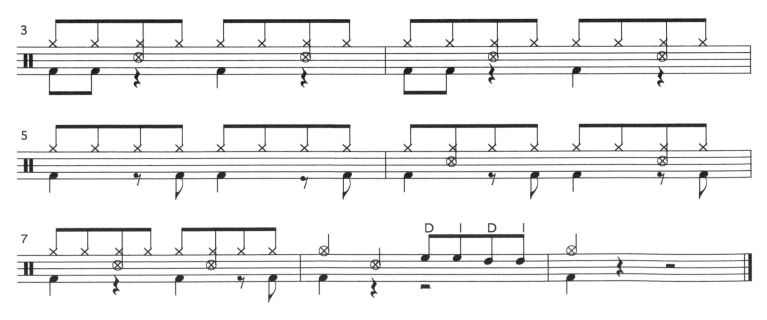

Pon mucha atención a los últimos dos compases, ya que he incluido un nuevo elemento de la batería: los *toms*.

Canción de Rock

Este ejemplo es la combinación de los ejercicios que hemos visto hasta ahora. Recuerda que debes practicarlo a diferentes tiempos, para que realmente puedas dominar este ritmo. Observa siempre que tus manos no estén tensas y que toques con soltura y sin forzar las muñecas, los pies o ambos. La PISTA 16 contiene el ejemplo con la batería y toda la banda. La

PISTA 17 contiene el ejemplo sin batería, para que puedas tocar junto con la banda. El penúltimo compás contiene un redoble más complicado que el del ejemplo anterior, te recomiendo que lo estudies por separado antes de tocar todo el ejercicio, para que puedas tocar todo el ejercicio sin problemas.

pista 16 & 17

Semicorcheas

pista 18

Ahora vamos a aprender la siguiente subdivisión rítmica que nos falta; las semicorcheas. Esta subdivisión es de las más importantes ya que casi todos los ritmos, en especial los latinos llevan, de alguna u otra forma semicorcheas.

En un compás de ⁴⁄₄ hay 16 semicorcheas, es decir 4 semicorcheas por tiempo (4 + 4 + 4 + 4). Para tocarlas, te recomiendo que cuentes en voz alta como si estuvieras contando corcheas y deberás tocar 2 semicorcheas por cada sílaba que cuentes:

Te recomiendo que toques las semicorcheas dando palmadas y contando en voz alta.

```
1    -    2    -    3    -    4    -
♪ ♪ ♪ ♪ ♪ ♪ ♪ ♪ ♪ ♪ ♪ ♪ ♪ ♪ ♪ ♪
un       y       dos      y      tres      y      cua      tro
```

Si se te dificulta un poco, cuenta con estas sílabas:

```
1    -    2    -    3    -    4    -
♪ ♪ ♪ ♪ ♪ ♪ ♪ ♪ ♪ ♪ ♪ ♪ ♪ ♪ ♪ ♪
ta ca ta ca ta ca ta ca ta ca ta ca ta ca ta ca
```

El siguiente ejemplo se encuentra en la PISTA 18.

Semicorcheas 1

A continuación te muestro varios ejemplos que combinan corcheas, semicorcheas y negras. Toca los ejemplos en la tarola y procura que tus golpes sean de la misma intensidad (volumen) tanto los de la mano derecha como los de la mano izquierda. Practica cada ejemplo varias veces hasta que te salgan parejos (sin acentos) y sin mayor dificultad. Usa un metrónomo y practícalos a diferentes velocidades. Todos los ejemplos se encuentran en la PISTA 18.

Semicorcheas 2

Ahora vamos a ver un ritmo muy común que combina una corchea con dos semicorcheas. Observa la relación que existe entre este ritmo y las corcheas.

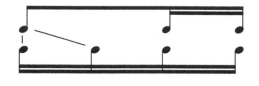

Los siguientes son ejemplos del ritmo anterior. Te recomiendo que escuches el ejercicio un par de veces y que después lo practiques con la PISTA 18. Siempre que lo practiques, cuenta en voz alta 1 y 2 y 3 y 4.

Semicorcheas 3

Éste es el mismo ritmo, pero volteado, es decir las semicorcheas primero y la corchea después.

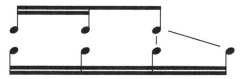

Éstos son ejemplos del ritmo.

Semicorcheas 4

Este ejercicio incluye todas las fórmulas rítmicas que hemos visto hasta ahora. Estúdialo por partes y escucha la PISTA 18 siguiendo el ejercicio con la vista, para que te familiarices de cómo suena. Practícalo varias veces con y sin la pista. No te olvides de practicar siempre con un metrónomo y a varias velocidades.

Semicorcheas 5

Cumbia

pista 19

La *cumbia* es un estilo de música folclórica bailable, que se origina en la costa del Atlántico norte de Colombia y que se ha asimilado en gran parte de los países centroamericanos. Originalmente se tocaba con flautas, tambores y el acordeón. Después de 1960, se arraigó principalmente en México donde fue incorporada al repertorio de canciones populares. Gradualmente se fueron adaptando los diferentes ritmos de los tambores y las campanas a la batería. Actualmente se puede interpretar de diferentes maneras, siendo una de las más practicas con batería. El ritmo que vamos a aprender es el ritmo *básico* de la cumbia moderna. Todos los ejemplos se encuentran en la PISTA 19.

A continuación te presento el primer ejercicio para poder tocar el ritmo típico de la cumbia. Originalmente se toca con un güiro, el cual solía estar hecho de madera o de una vaina (cáscara de planta) seca. Los güiros modernos generalmente están hechos de plástico o de metal. En la batería, este ritmo se toca en el contratiempo. También en ocasiones se toca el mismo ritmo con un cencerro, a veces también se toca en un platillo (ride).

Ejemplo de Cumbia 1

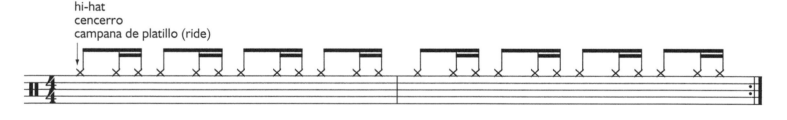

Una vez que domines el ritmo del contratiempo (o la adaptación del güiro), añadiremos el principal elemento de base rítmica en el bombo, el cual sustituirá a las congas, timbales o tamboras. Este patrón rítmico es probablemente el más importante porque es la parte que se enlaza y toca en los mismos tiempos que el bajo, lo que hace que la sección rítmica se sienta más sólida y precisa.

Ejemplo de Cumbia 2

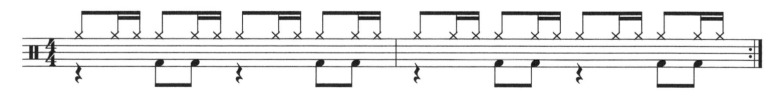

Ahora te voy a presentar una variación del ritmo principal, lo único que se le añade es un cencerro (campana) en cada uno de los tiempos. Antes de tocar este ritmo, te recomiendo que domines el anterior para que este se te facilite.

Ejemplo de Cumbia 3

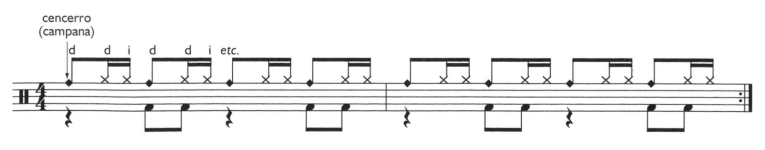

A continuación te presento una variación del ritmo principal, el cual se usa generalmente en los interludios musicales (introducciones, finales, *etc.*). La diferencia principal es que el contratiempo se toca en la parte débil del tiempo. Este ritmo de contratiempo también se deriva de un patrón rítmico del güiro. Abre el contratiempo cada vez que toques este ritmo.

Ejemplo de Cumbia 4

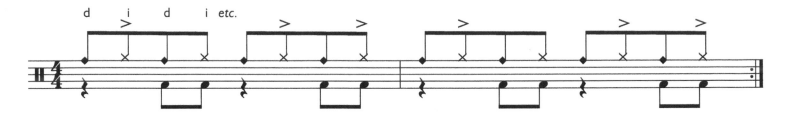

Ahora es tiempo de que toques este ritmo con el CD de acompañamiento para que puedas sentir el bajo y te puedas ir acostumbrando a tocar en grupo con otros instrumentos. La PISTA 20 contiene el ejemplo con todos los instrumentos. La PISTA 21 es el mismo ejemplo pero sin batería, para que practiques con éste.

Observa que el primer compás es de dos tiempos de silencio (que es donde empieza a tocar la trompeta), a esto se le llama *anacrusa*, los otros dos tiempos se encuentran al final de la pieza. Esta forma de comenzar las canciones es muy común en este estilo.

Ejemplo de Cumbia 5

pista 20 & 21

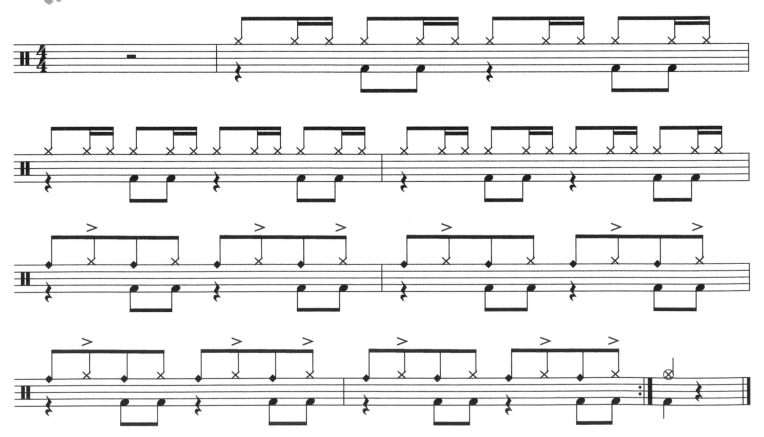

Vallenato

pista 22

Al igual que la cumbia, el *vallenato* es la música proveniente de la costa del Atlántico norte de Colombia

La instrumentación tradicional incluye: acordeón (de botones), caja y guacharaca (una especie de güiro). La diferencia principal entre el vallenato y la cumbia, es el hecho de que por regla general siempre lleva acordeón. El genero se reinventó y popularizó en la década de los noventa con la aparición de Carlos Vives quien le añadió elementos de *rock* y *pop*. Las mayores diferencias entre el vallenato y la cumbia son: el

contenido lírico, que es generalmente de narrativa de algún lugar o de corte romántico y la diversidad rítmica de sus compases. Las principales variaciones rítmicas son: el paseo, el merengue, la puya y el son. Los ejemplos se encuentran en la PISTA 22.

Este ritmo es muy parecido a la cumbia, pero la distribución en los tambores es diferente, hay un énfasis más pronunciado en los tiempos fuertes. El primer ejemplo, es el patrón rítmico que sustituye al güiro, es igual al de la cumbia.

Ejemplo de Vallenato 1

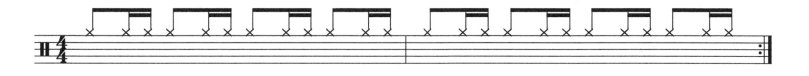

Ahora vamos a añadirle el ritmo del bombo y la tarola, los cuales sustituyen la sección de las congas y el cajón.

Ejemplo de Vallenato 2

Ahora trata de tocar esta variación del ritmo principal, la cual sustituye las corcheas en el contratiempo por la campana.

Ejemplo de Vallenato 3

En esta otra variación invertimos los instrumentos de la mano derecha, es decir se tocan la corcheas en el contratiempo y las semicorcheas en las campana.

Ejemplo de Vallenato 4

Este ejemplo viene en la PISTA 23 con todos los instrumentos y en la PISTA 24 sin batería para que tú la toques. He añadido una variación más en el último compás que es prácticamente igual a una de las variaciones de la cumbia.

Observa que esta canción tiene una *anacrusa* de 1 tiempo, que es donde empieza a tocar el acordeón.

Ejemplo de Vallenato 5

pista 23 & 24

Cha-cha-chá

pista 🎧 25

Este ritmo surge en Cuba como una simplificación del mambo. Alrededor de la década de los cincuenta las charangas cubanas esparcieron esta danza por todo el continente americano, tanto en los Estados Unidos como en Latinoamérica. Esta danza ha sido una de las que más se han mezclado e influenciado a otros estilos diferentes como el *rock* y el *jazz*.

Este patrón es el más importante para ensamblar el ritmo del cha-cha-chá. Originalmente se tocaba en el güiro y se cree que se le llama cha-cha-chá por la similitud de sonido que tiene este ritmo con esta palabra. Escucha la PISTA 25 (contiene todos los ejemplos) y observa como se logra la similitud al rasgueo del guiro, al abrir lentamente el contratiempo hasta tocar el siguiente tiempo. Esto se indica con una línea que se llama *ligadura*.

Ejemplo de Cha-cha-chá 1

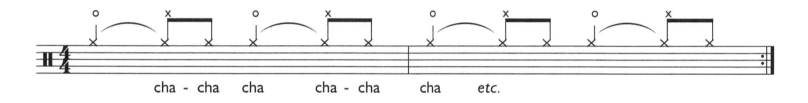

Éste es ahora el patrón *básico* que sustituye a la campana y al güiro. Toca la parte de la campana (*cowbell*, en inglés) en la tarola con *cross stick* si no tienes una campana.

Ejemplo de Cha-cha-chá 2

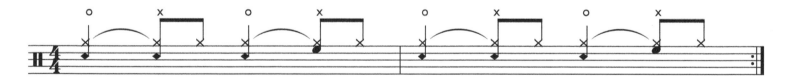

Si tocas con un conguero, te recomiendo que hagas la parte de la campana con la mano derecha y el contratiempo con el pie. Si no puedes abrir y cerrarlo de manera que suene como el ejercicio 1, practica la parte del contratiempo con el pie por separado.

Ejemplo de Cha-cha-chá 3

Este último ejemplo es un poco más complicado y generalmente se toca cuando no hay ningún percusionista acompañándote. Antes de tocarlo, te recomiendo que practiques y domines los otros patrones rítmicos.

Ejemplo de Cha-cha-chá 4

Ahora es tiempo de que toques con la banda. Escucha la PISTA 26 (banda completa) un par de veces antes de que practiques con la PISTA 27 (sin batería).

Ejemplo de Cha-cha-chá 5

pista 26 & 27

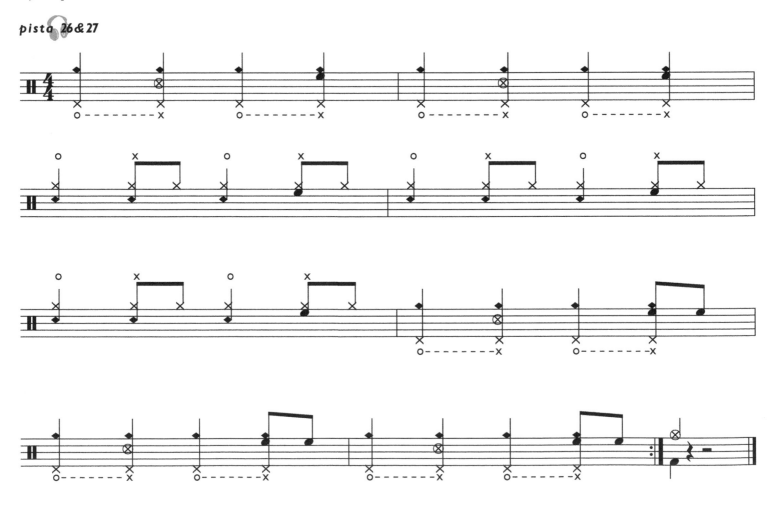

Bolero

pista 28

Este estilo nace en Cuba a finales del siglo XIX. Es una especie de son muy lento y generalmente en estilo romántico. Beny Moré fue el principal embajador de este tipo de música en la década de los cuarenta y cincuenta. Al igual que muchos otros estilos, el bolero se estableció en México. Grupos como Los Panchos y Agustín Lara popularizaron el género en México. A mediados de la década de los noventa hubo un renacimiento de este estilo gracias a artistas como Luis Miguel (México) y Charlie Zaa (Colombia), los cuales adaptaron el estilo a audiencias más jóvenes. La instrumentación clásica del bolero consiste en un bajo, guitarra, en ocasiones piano y percusión.

Éste es el primer paso para armar el ritmo básico del bolero. El contratiempo debe de tocar corcheas (como en los primeros ritmos). Este patrón rítmico, normalmente se toca con maracas. Por lo cual te sugiero que toques el contratiempo ligeramente abierto. Todos los ejemplos se encuentran en la pista 28.

Ejemplo de Bolero 1

Ahora vamos añadirle el ritmo que normalmente se toca con bongós, adaptado para la batería. La parte del bombo puede ser reemplazada por el *tom* de piso, esto depende de qué sonido prefieras, generalmente los dos suenan bastante bien.

Ejemplo de Bolero 2

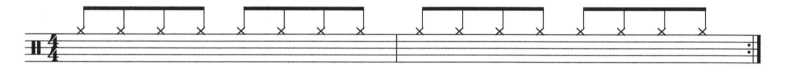

La clave

La clave es la parte más importante de la música afrocubana, ya que es como la guía de todos los demás instrumentos de percusión. Usualmente se toca con dos palitos de madera que tienen un sonido muy característico. Para adaptarla a la batería te recomiendo que lo toques en la tarola con *cross stick*.

Ahora vamos a incorporar la clave 3–2 con el ritmo básico del bolero. Observa que en los tiempos donde se juntan el bombo o el tom con la clave, éstos se omiten, dándole prioridad a la clave. Esto se hace con el fin de que los instrumentos tengan su propio espacio, se complementen los unos con los otros y así se distinga la polirritmia.

Ejemplo de Bolero 3

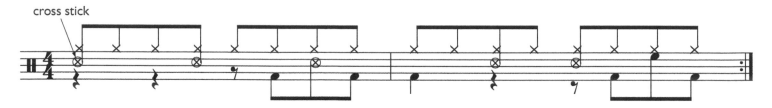

A continuación te presento el ejemplo con la banda completa. La PISTA 29 contiene el ejemplo con todos los instrumentos. La PISTA 30 contiene la canción sin batería.

Ejemplo de Bolero 4

A continuación te presento un *Patrón de bolero* bastante más avanzado, te recomiendo que practiques bien los otros ritmos, y que estudies muy bien la sección de *semicorcheas* antes de intentar tocarlo.

Bolero (Ejemplo Avanzado)

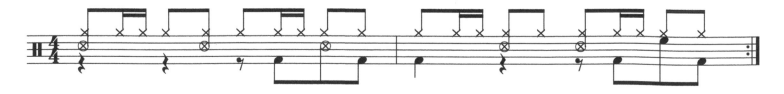

Estilo Norteño

pista 31

Ranchera/Quebradita/Corrido/ Ranchera

Una de las razones por las cuales decidí agrupar a todos estos tipos de música, es porque están íntimamente ligados. Las diferencias entre ellos son mínimas en cuanto a los patrones rítmicos, siendo unas más complicadas que otras, pero teniendo el mismo principio rítmico.

En general, ésta es la música folclórica de la región norte de México, la cual se enriqueció con varios elementos de la música alemana y checoslovaca. Una *banda* norteña generalmente cuenta con un acordeón y un bajo sexto (un bajo acústico de 12 cuerdas) en su instrumentación, aunque los grupos modernos incluyen instrumentos eléctricos, saxofón y teclados.

La *ranchera* nacio durante la revolución mexicana. Se puede cantar a ritmo de bolero o vals y generalmente habla de la vida en el campo, del amor o de algunos problemas sociales. Una variación de este género, es el llamado *conjunto* el cual generalmente habla de temas de amor. *La banda* se refiere al estilo de música que es característica de la región de Sinaloa a comienzos del siglo XX. La banda, a diferencia de los otros dos estilos, se caracteriza porque se toca con una gran número de metales.

La *quebradita* es la evolución de la música de banda, la cual le añade elementos de la polca, el *rock and roll* y la cumbia.

El *corrido* y el estilo *tejano*, son una derivación de la música ranchera, ambos se caracterizan por ser una combinación de *rancheras, polcas* y *cumbias*. El tejano también añade elementos de la música *country*, el *blues* y el *pop*.

Éste es el ritmo básico del estilo norteño. Como podrás observar este ritmo se escribe en un compás nuevo, $\frac{2}{4}$. La diferencia entre este compás y el de $\frac{4}{4}$, es que el tiempo fuerte se encuentra cada 2 tiempos. El compás se cuenta 1–2. Te recomiendo que cuentes cada ejercicio en voz alta para que te acostumbres a la diferencia entre los compases. Este ritmo se puede usar tanto para un corrido, como para una ranchera o una polca. En el ritmo básico, las corcheas se tocan con la mano derecha, cada tiempo se marca con el bombo y se toca la tarola en la parte débil de cada tiempo. Estudia cada ejercicio despacio, para que puedas acostumbrarte al ritmo, ya que éste es uno de los ritmos que se tocan a mayor velocidad. Los ejemplos se encuentran en la PISTA 31.

Ejemplo de Norteño 1

Este ritmo parece bastante sencillo, pero si te familiarizas con las grabaciones, te darás cuenta que la parte de la tarola lleva muchos adornos de semicorcheas y valores más pequeños. A continuación te presento una variación muy sencilla, pero que te puede dar una idea de cómo son los adornos de tarola en este ritmo.

Ejemplo de Norteño 2

A continuación te muestro una variación muy común. Para esta se necesitan escobillas (ver página 9) y se omite el contratiempo. Esta variación se utiliza generalmente cuando se toca en su mayoría con instrumentos acústicos. Te recomiendo que practiques las semicorcheas por separado para que puedas ensamblar mejor el ritmo.

Ejemplo de Norteño 3

El siguiente ejemplo es de una de las variaciones más populares de este tipo de música, *la quebradita*. Te recomiendo que practiques cada uno de los ritmos anteriores, de manera detallada antes de practicar éste. A diferencia de los otros estilos norteños, la quebradita se toca mucho más rápida y se utiliza un cencerro (campana) en lugar de contratiempo en la mano derecha. Observa que a diferencia de los otros ritmos la tarola sólo se toca una vez por compás.

Ejemplo de Norteño 4

Este último ejemplo, es para que toques con la banda. Escucha la PISTA 32 varias veces antes de practicar con la PISTA 33 Practica las semicorcheas y los remates con platillos.

Ejemplo de Norteño 5

pista 32 & 33

Disco

pista 34

La música disco toma su nombre de las discotecas, que se especializaban en tocar música bailable. El estilo nace a mediados de los años setenta y tiene sus raíces en el *soul* y el *funk*. Este estilo se hizo tan popular que muchos artistas optaron por hacer discos con este estilo de música. Se caracteriza por tener semicorcheas en el contratiempo con un acento en el tiempo débil de la corchea. En este tipo de música, generalmente se le da mucho énfasis al bajo y la batería, ya que este estilo se basa en el enérgico soporte rítmico del pulso (*groove* en inglés) que dan estos dos instrumentos.

Este ritmo se toca en compás de ¼. El primer paso para ensamblar este ritmo es tocar las semicorcheas en el contratiempo. Practícalos a diferentes tiempos para que te salga parejo. El contratiempo se abre en la tercera semicorchea (tiempo débil), esto es opcional, pero para obtener un sonido disco más genuino, te recomiendo que lo practiques de esta manera. Los ejemplos se encuentran en la pista 34

Ejemplo de Disco 1

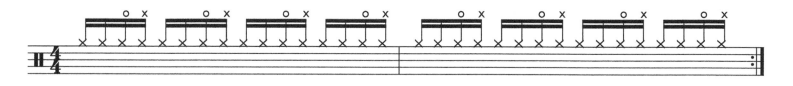

Ahora vamos a agregar el bombo. Como podrás observar en la mayoría de los ejemplos que aquí presento, tienen semicorcheas en el contratiempo, el objetivo es para que te familiarices con éstos. Lo principal para poder obtener un buen sonido en cualquier ritmo disco, es el bombo. El bombo va a la par del bajo, es decir tocando y marcando cada tiempo. Te recomiendo que practiques estos ritmos con corcheas en el contratiempo, pero no te olvides de marcar el bombo en cada tiempo.

Ejemplo de Disco 2

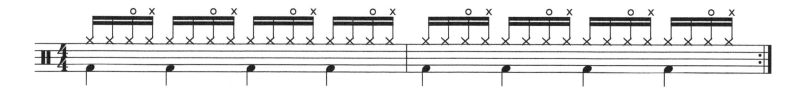

Éste es uno de los pocos ritmos donde la tarola y el bombo se tocan al mismo tiempo, observa el tiempo 2 y 4, en ellos la tarola y el bombo entran al mismo tiempo. Practica este ejercicio a diferentes velocidades hasta que la tarola y el bombo te salgan al mismo tiempo.

Ejemplo de Disco 3

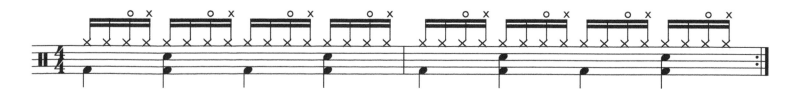

Ahora te presento dos variaciones de este ritmo, éstas son de las más comunes. Como podrás darte cuenta, el ritmo disco es bastante sencillo (es básicamente un ritmo *pop/rock* de ⁴⁄₄), lo que lo hace tan característico es el bombo y los diferentes acentos en la parte débil del tiempo.

Ejemplo de Disco 4

A continuación te presento el ejemplo final, para que practiques con la pista 35. Lo más importante es que siempre estés muy coordinado con el bajo. Escucha esta pista varias veces antes de tocar con el resto de la banda en la PISTA 36.

Ejemplo de Disco 5

pista 35 & 36

Rock alternativo

Originalmente, esta categoría se usaba para denominar el tipo de *rock* que se caracterizaba por tener una audiencia de carácter no comercial. Figuraba entre los grupos universitarios y la radio no comercial. Esta categoría nace en los Estados Unidos a mediados de la década de los ochenta y se hace realmente popular a mediados de los noventa. Este genero incluía diferentes vertientes tales como: *jungle pop*, *post-hardcore punk*, *funk metal*, *punk pop*, *rock* experimental y *grunge*. Este último llegó a ser tan famoso que trascendió al circuito comercial, lo que ocasionó que el género perdiera su originalidad y las auténticas propuestas musicales quedaron relegadas a compañías independientes, o encasilladas en el término *rock independiente*.

Corchea con puntillo y semicorchea

Para poder tocar este ritmo, necesitarás familiarizarte con esta nueva formula rítmica. A continuación te muestro la relación de ésta con las semicorcheas:

A continuación te presento un ejercicio para que practiques esta nueva formula rítmica. Éste se encuentra en la PISTA 37.

pista 37

Éste es el primer ritmo que es muy característico de este estilo. Como te podrás dar cuenta, el contratiempo y la tarola siguen el mismo patrón rítmico del *rock/pop* ($\frac{4}{4}$), el contratiempo en corcheas y la tarola en el 2° y el 4° tiempo. El bombo usa una la nueva formula rítmica que te mostré antes de este ritmo (una corchea con puntillo y una semicorchea). Los siguientes ejemplos se encuentran en la PISTA 38.

pista 38

Ejemplo de Rock Alt 1

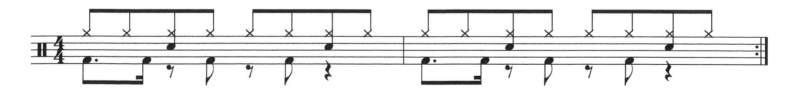

Ahora vamos a ver este ritmo con la fórmula en la tarola.

Ejemplo de Rock Alt 2

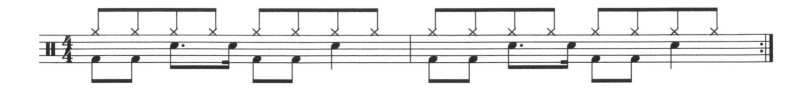

Ésta es otra variación donde usamos la fórmula tanto en la tarola como en el bombo.

Ejemplo de Rock Alt 3

Éste es probablemente uno de los ritmos que se hizo más famosos en este estilo ya que fué uno de los ritmos preferidos de la banda que más influyó este genero: Nirvana. Es un poco más complicado, porque incluye semicorcheas alternándolas entre el bombo y la tarola. Te recomiendo que practiques este ritmo a diferentes velocidades y que experimentes el unir semicorcheas entre tarola y bombo en diferentes tiempos.

Ejemplo de Rock Alt 4

A continuación te presento el ejemplo para que toques con el CD. Escucha la PISTA 39 varias veces para que te des una idea de cómo se relaciona el bajo con el bombo y la batería en general con los demás instrumentos. La PISTA 40 contiene el ejemplos sin batería, para que tú la toques.

Ejemplo de Rock Alt 5

pista 39 & 40

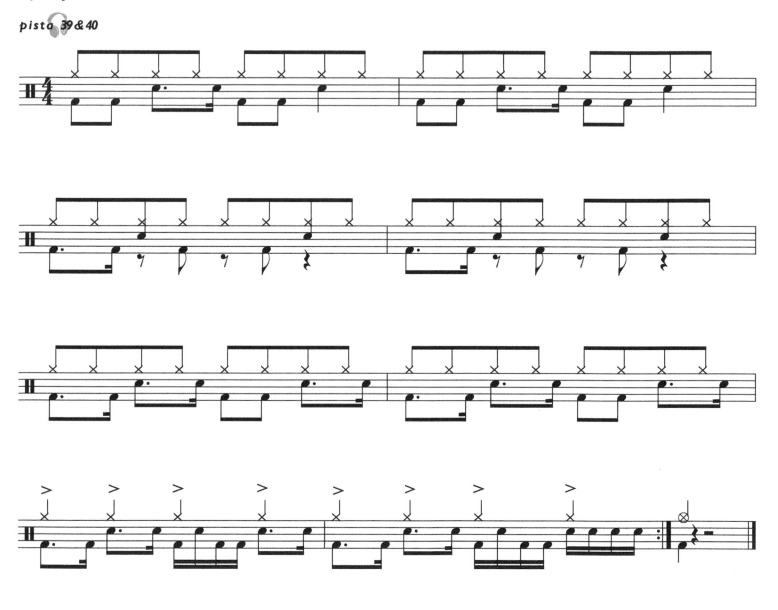

Tresillo

Ahora vamos a ver la última figura rítmica que vamos a tratar en este libro: el *tresillo*. Es muy importante que practiques y aprendas muy bien esta figura, ya que esta es esencial en el último ritmo del libro y te servirá en un futuro para tocar otros ritmos más complicados.

El *tresillo* es un grupo de tres notas iguales que se tocan en el tiempo de una figura de dos. Por ejemplo si tienes un par de corcheas en un tiempo y las sustituyes con un tresillo (de corcheas), éste deberá ocupar el mismo tiempo, es decir el tiempo se dividirá en tres partes iguales en vez de 2. Observa la relación rítmica del tresillo con las demás figuras rítmicas.

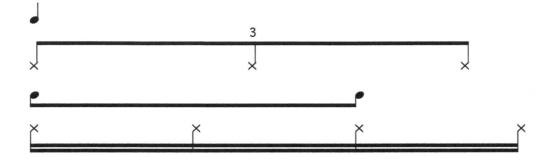

Te recomiendo que cuentes cada tresillo de cada tiempo de manera individual y en voz alta cada vez que lo toques como te muestro en el siguiente ejemplo.

Recuerda llevar la cuenta mental de los tiempos del compás (1 – 2 – 3 – 4).

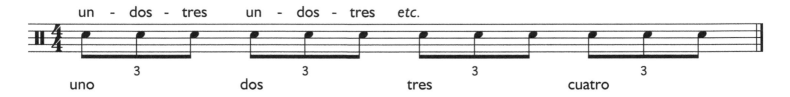

Ahora vamos a empezar a tocar los tresillos. Observa la diferencia entre las diferentes figuras rítmicas y el tresillo. Estos ejercicios se encuentran en la PISTA 41.

Practica todos los ejemplos en la tarola, alternando las manos.

pista 41
Tresillo Ejemplo 1

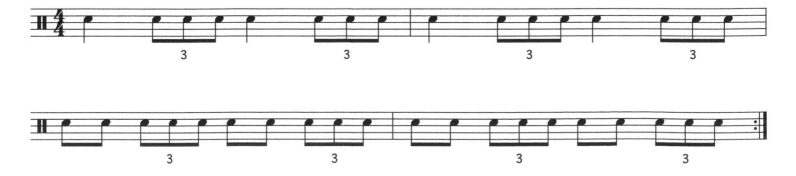

Tresillo Ejemplo 2

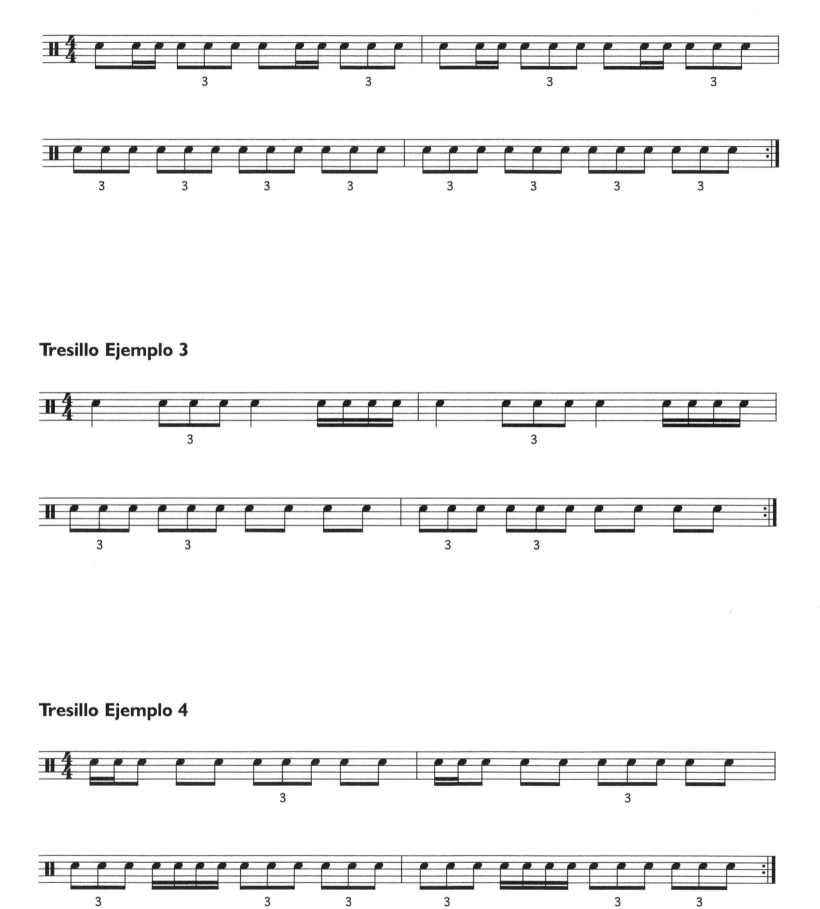

Tresillo Ejemplo 3

Tresillo Ejemplo 4

Repaso de todos los ritmos

pista 42

Ahora te presento 2 ejercicios donde vamos a repasar todas las diferentes figuras rítmicas que hemos aprendido en este libro. Te recomiendo que escuches la PISTA 42 y que los sigas con la vista antes de tocarlos.

Practícalos a diferentes velocidades y volúmenes. Recuerda que siempre que practiques la técnica, debes usar un metrónomo para que te vayas acostumbrando a tocar a tiempo, es decir sin adelantarte ni atrasarte.

Repaso Ejemplo 1

Repaso Ejemplo 2

Blues

pista 43

Ésta es probablemente una de las formas musicales más importantes de nuestro tiempo y una de las pocas que nacieron y se desarrollaron en los Estados Unidos. El *blues* se originó con los esclavos afroamericanos como una respuesta a la tensión de la vida diaria. La clásica forma de *blues* es de 12 compases, tres líneas de cuatro compases cada una. Actualmente hay una infinidad de variaciones, dependiendo de la región y la época, siendo unas de las más características: *blues rock, jazz blues, soul-blues, Chicago blues, Texas blues, electric blues, New Orleans blues, New York blues, etc.*

Éste es uno de los ritmos más complejos y que más han influenciado la historia de la música. Por esta razón tiene muchísimas variantes y formas de tocar. A continuación te presento las más básicas. Todos los ejemplos se encuentran en la PISTA 43.

Una de las figuras rítmicas más características que se usa en el *blues*, es el tresillo. Este se toca en el contratiempo como se muestra a continuación:

Ejemplo de Blues 1

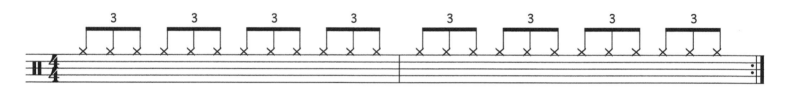

El ritmo de la tarola y el bombo es el ritmo básico de ⁴⁄₄.

Ejemplo de Blues 2

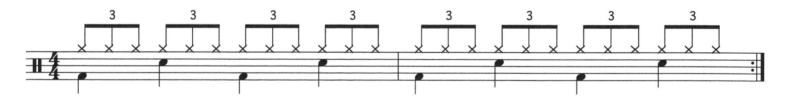

Una de las variaciones más comunes y usadas en este ritmo es la que se conoce como *shuffle*. Para lograr este efecto rítmico, a cada tresillo se le quita la segunda nota y se sustituye con un silencio como a continuación te

muestro. Te recomiendo que escuches la pista 43 para que te des cuenta de cómo se escucha esta variación. Esta variación se utiliza generalmente cuando el *blues* se toca en un tempo más rápido.

Ejemplo de Blues 3

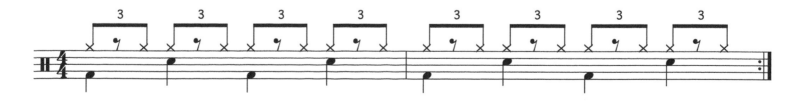

Otra de las variaciones más importantes es la de sustituir el silencio por dos semicorcheas como a continuación te presento. Acuérdate que debes de practicar cada ejemplo a diferentes velocidades y de forma ambidiestra.

Ejemplo de Blues 4

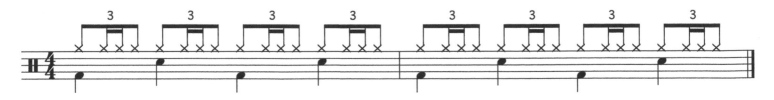

La forma más básica de este ritmo, es la que se conoce como Twelve Bar Blues o blues de 12 compases. El ejemplo con la banda tiene esta forma que puedes escuchar en la pista 44. Escucha primero la banda completa, y después toca con la pista 45. Observa cómo se repite el ciclo musical y la diferencia de sonido de la banda en cada una de las secciones. Los números romanos (I, IV, V) representan las regiones tonales que tocan los demás instrumentos, y es lo que hace que el Blues suene tan característico.

Ejemplo de Blues 5

pista 44 & 45

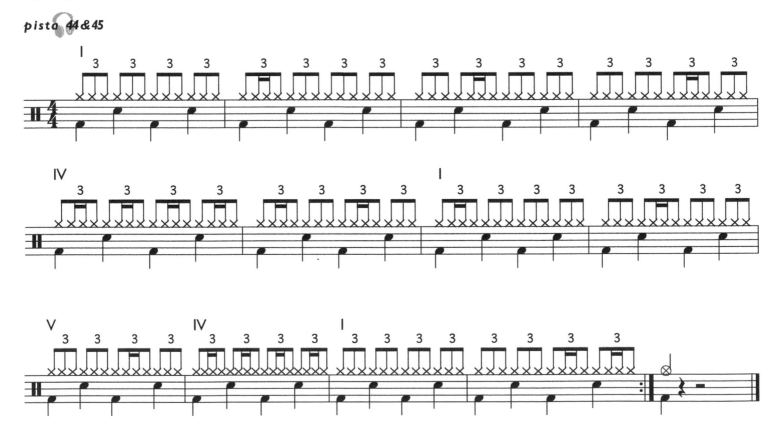